JN438283

諷詩調詩集 · 52

풍諷계戒집集 · 19

박진환 제70시집

지성 · 감성의 메타언어
조선문학시인선 · 388

諷詩調詩集 · 52

풍諷계戒집集 · 19

조선문학사

■ 책머리에

풍시조(諷詩調)는 사건·사고를 시로써 재구성한 언어의 형상 미학이다.

2014년 初夏

박 진 환

박진환 제70시집 / 諷詩調詩集 · 52

풍諷계戒집集 · 19

차례

이미 오래인데

'우리가 남이가'란 말 골동품 된줄 알았더니 요즘 되살아났데
하불식육미, 내가 나를 모르는데 어찌 남을 알겠는가
남이 아니라는 '우리' 골동품 된지 이미 오래인데

※ 하불식육미(何不食肉糜) : 부자가 가난한 자에게 왜 고기는 먹지 않느냐고 묻는다는 뜻이니 남의 사정을 이해하지 못함을 이르는 말.

먼저 베풀어야 하는구나

홍제천 산책길에서 붉은 피켓, 파란 피켓을 든 선거원과 만났다
붉은피켓, 파랑피켓에도 손을 들어 인체를 했더니 90도로 절을 했다
그렇구나, 대접받고 싶으면 먼저 베풀어야 하는구나

노랗게 비웃었다

홍제천변 노랗게 핀 창포꽃이 냇물에 머리를 감고 있다
맹물로 감았는데도 물색이 노랗다
샴푸로 감고도 먹물 헹궈내지 못한 머리, 창포꽃이 노랗게 비웃었다

총리

물길 막으면 마른개울 물레방아 못 면한다는 물레방아 총리론
물레방아란 게 물길 막고 돌리면 허수아비만도 못한 신세
물길 쥐고 있는 손에 따라 물레방아도 되고 허수아비도 되는 총리

잘못된 건지

이단이면 1단 뒤이고, 3단 앞이니 중간, 중용이 아니던가
길은 중간에 있다던데 제대로 길 좇고 있음이 아니던가
헌데 이단 이단 해싸니 1단이 잘못된 건지 3단이 잘못된 건지

성사(聖事)도 되거든

구원이란 게 어찌 한길로만 이루어지던가
말씀으로도, 돈으로도, 힘으로도, 정신으로도 이루어지는 것을
이루어지면 成事, 성사란 게 聖事도 되거든, 허니 길이 여럿이지

깨지기 마련이어서

비박, 못 면한 피박 신세는 옛말, 지금은 비박이 대박
끝발 좋은 끝수는 죄다 비박 차지, 친박이 되레 피박 신세
비박 친박이건, 피박 대박이건 박이란 게 깨지기 마련이어서

얼마쯤이나 될까

검찰, 유병언 앞세우고 그림자 쫓기 게임 진행 중
그림자란 게 밖으로 나와야 생기는 법인데 숨어버리면 허상
허상이 5억짜리면 실상은 얼마쯤이나 될까

아닌데

시장이 살려놓은 부동산경기, 정부가 재 뿌려 꺾었다데
전·월세 과세 이후 끊긴 거래에도 정부는 뒷짐만
내수란 게 재 뿌려서 키우는 콩나물시루가 아닌데

금메달 아니던가

북, 인천 아시안게임에 참가한다고?
경기 실력은 메달권 밖이지만 미녀군단 응원은 금메달감
경기로는 딸 수 없는 금메달, 금메달 중 꽃금메달 아니던가

헛발질로 끝날 수도 있어서

입법·사법·행정 3부 수장에 검찰총장, 감사원장까지 PK 시대
국가 권력구조 PK로 구축한 셈인데 구축 거꾸로면 축구
페널티킥 다 성공하면 좋은데 헛발질로 끝날 수도 있어서

언밸런스여서

총리, 비서실장 서로 다른 스타일 관전포인트로 삼던데
문제는 한쪽은 앞세우고 한쪽은 뒤에 세워 다스리는 조정역할
헌데, 또 문제는 한쪽은 조정하고 한쪽은 조정받는 언밸런스여서

설마 그림자가

하루가 멀다하고 사고에 사고로 이어지는 안전사고
와야 할 사건은 사전에 그림자를 던진다고 했던가
사건에는 여자가 따른다던데 설마 그 그림자가 여자?

역시 불통

공공기관장 정상화 워크숍이 열린 모양이던데
참가 공공기관장 120명 71.7%가 낙하산부대였다고
그런데도 얼굴 붉히기는커녕 '자화자찬'의 자리였다니 역시 불통

'이것도 나라인가'

'이것도 나라인가', '이게 무슨 국가냐'란 말 화두던데
국가의 안전보장은 국가의 부보다 중요하다는 말로 보면
부만 앞세우고 안전은 뒤로 했으니 맞네 '이것도 나라인가'

어디 그리 쉽던가

안대희 총리지명자 수임료 문제되자 11억 사회에 환원
살아왔던 대로 덜 받고 덜 모았던들 이런 일 없었을 것을
허긴 '덜'이란 게 '더'보다 좋은 것이란 걸 알기가 어디 그리 쉽던가

명언인 것을

이게 어찌된 일, 국가개조론 들고 나와 새국가 만드는 줄 알았더니
웬걸, 교육부총리 부활에 행자부개명으로 원상복귀까지
신조차도 과거를 개혁할 수 없다※ 했던가, 온고이지신 명언인 것을

※ 니코마코스 윤리학에서 아리스토텔레스가 한 말.

중증 체병 아니던가

'가만히 있으라'가 요즘 화두던데 뭘 가만 있어
봐도 못본 체, 들어도 못들은 체, 싫어도 싫지 않은 체 가만 있기
그게 체체체 체병, 자행자처 불용이니 중증 체병 아니던가

※ 자행자처(自行自處) : 스스로 자각하여 행동하여 처리함.

PK도 돼서

법피아, 관피아, 슈퍼관피아면 모든 피아를 다 겸한 셈
거기다 신 매관매직에 기여총리제까지 거론하며 사퇴 축구
축구란 게 축구와 비슷해서 걷어차기 페널티킥 PK도 돼서

있어도 못하는 말

전 감사원장 후보자 정모씨는 월수 1억 때문에 탈락
급수가 다르긴 해도 총리지명자 월수 3억이면 같은 처지 안 될까
같은 처지 되면 할 말 없고, 안되면 할 말 있지, 있어도 못하는 말

들어보지 못해서

관피아 꼬리표에 법피아 · 슈퍼관피아 꼬리표까지 붙였으니
여론인즉 '관피아가 어찌 관피아를 척결할 수 있겠느냐?'
이열치열이란 말 있긴 해도, 이관이치란 말은 들어보지 못해서

※ 이관이치(以官以治) : 이열치열과 같은 뜻을 나타내기 위해 꾸민 일종의 조어.

갈 길인 것을

KBS 길사장, '월드컵 · 지방선거 앞두고 방송이 정상화 돼야 한다'

자신을 유임해달라는 변인데, 길사장이 어찌 길을 잘못볼까

기자 · PD 1, 2 노조 사퇴 결의가 제시한 길이 갈 길인 것을

악의 근원이기도 해서

강직함, 도덕성의 아이콘이 메인 이미지였던 안대희 총리지명자
캐면 캘수록 드러나는 각종 의혹에 실망 금할 수 없다는 평이던데
글쎄, 하루 수입 1천만 원, 돈이란 게 악의 근원이기도 해서

부통령감이지

청와대 비서실장이 부통령으로 국정 운영 지휘한다데
아이큐 170대의 천재, 그 천재 두뇌로 관여한 것이 유신헌법
거기에 '우리가 남이가' 술수까지 지녔으니 부통령감이지

동일성을 상실한 발병지대

겉으로는 분노의 공격성을, 안으로는 불안·초조 감추지 못한 정신외상

이는 곧 가학의식에 의한 피학의식이 가져다준 혼돈

목하 코리아는 정치적 불신으로 정서적 동일성을 상실한 발병지대

못한 것을

벼슬하기가 참 힘든 것이구나, 이리 걸려 시비감 되고
저리 걸려 비아냥감 되고, 이리저리 걸려 비판·고발감 되고
그러다 되고 되고 안되고면 거청운불사백운고만 못한 것을

※ 거청운불사백운고(去靑雲不似白雲高) : 청운이 드높은 저 백운만
못하여라란 한 시구.

영국속담이지

밥그릇 싸움에 밀려 김영란법은 미루고 또 미루고
안대희 방지법 발의한다니 미루고 또 미루지 않을까
아마 영국속담이지, '식욕은 채워질 때가 없다'는 말

궁금해서

정부 부총리제 부활한다던데 노정권 재판 아닌가
인생을 죽음과 부활의 연속이라고 롤랑은 말했던데
행여, 그 부활 동퇴서비될지, 황금옥 될지가 궁금해서

※ 동퇴서비(東頹西圮) : 이리저리 쓸리는 허술한 집이란 뜻.
※ 황금옥(黃金屋) : 금으로 꾸민 훌륭한 집.

정신덕목

나랏님은 국개론을, 정치권은 문전구사를
학생들은 입시에만 매달리게 한 교육제도 개혁을
목하 코리아는 '변해야 산다'인데 '변하면 죽는다'도 있데, 정신덕목

동의한다

사고로 인해 희생될 경우 돈으로 환산, 목숨값을 지불한다
목숨은 황금으로 살 수 없다는데도 우리 현실은 목숨값을 지불한다
가전통신은 진실이고 이 진실에 현대인은 동의한다

※ 가전통신(可錢通神) : 돈이면 신이라도 통할 수 있다는 말.

실천으론 안 그러고

변하지 않았으면 싶은 건 변하고, 변했음 싶은 건 안 변해
선과 악과 양심이 그러하고, 악과 부덕과 불량이 그러해
극과 극은 통하고 양극은 일치, 말론 그러하고 실천으론 안 그러고

달래야 할 판이다

한반도 남·북, 여·야론 부족했는지 수마·화마까지 기싸움
세월호 수마에 연이은 불불불 화마도 기승
수마·화마 사고, 고사 지내 달래야 할 판이다

못 면해서

안대희 총리지명자 자진 후보사퇴, 이유는 돈 때문
돈을 번뇌·비애, 악의 근원이라더니
좋게 벌고 잘 써도 근원이 같음이니 번뇌·비애·악 못 면해서

지옥인데

목하 대한민국 총체적 난국, 정치는 물론 물·불지옥 못 면해 지옥이란 게, 끝없는 고통을 의미하는 아비지옥 아니던가, 허긴 지옥살이 해봐야, 천당도 아는 법, 알면 뭘해, 알아도 몰라도 지옥인데

연기까지 피워서

하루가 멀다하고 불·불·불, 불이 어찌 불통·불법·불량 동항렬로 알고

형·동생하자고 불·불·불일까

안그래도 잔뜩 낀 먹구름 어둠 직전인데 시커먼 연기까지 피워서

여반장도 면해서

설원의 여반장이란 말, 손바닥 뒤집듯이 일이 썩 쉽다는 뜻
대통령 국개론 두고 여반장이라던데 동네 여반장도 같은 소리값
헌데 소리값관 달리 如反掌 면해야 女班長도 면해서

※ 설원(說苑) : 중국 한나라 때 유향(劉向)이 지은 책.

※ 여반장(如反掌) : 손바닥 뒤집듯 일이 쉽다는 뜻.

밀리지 않았을 것을

예가 아니거든 보지도, 말하지도, 움직이지도 말라는 공자 말씀
헌데 어쩐다, 예를 예우와 혼동했을까, 돈이 예를 외면했을까
한분 예우에 밀리지 않았으면 정승벼슬에도 밀리지 않았을 것을

화두 될 밖에

요즘 도덕이란 말이 화두, 선을 알고 행하는 지행으로서의 도덕
언행일치와 함께 지행일치는 군자의 도, 헌데 세상은
계서봉황식의 짬뽕 못면하는 삶이니 어찌 군자 운운 화두 될밖에

※ 계서봉황식(鷄栖鳳凰食) : 닭의 우리에서 봉황이 닭과 함께 먹는다는
뜻으로 충신이 천한 죄인과 함께 음식을 먹음을 비유한 말.

집단발병지대

불통·불만·불평·불신에 불안까지
느느니 불자표 코리아 전매특허품
목하 한반도는 불자공황증 집단발병지대

어쩌지만

하늘에는 황사에 미세먼지에 연무에 먹구름까지
지상에는 왕왕왕 이전투구에 불불불 구화투신까지
이러니 백성들 입에선 어쩌지 어쩌지 어쩌지만 토해내지

※ 구화투신(救火投薪) : 불을 끈다고 장작을 던진다 함이니 불은커녕 되레 불길이 더해진다는 말이니 근본을 다스리지 아니하고 급하게 행동하다 더 불길을 악화시킨다는 뜻.

돌아오지 않으니

가까운 자가 기뻐하고 먼데 있는 자가 찾아온다
선정을 두고 한 공자의 말씀, 헌데 어쩐다 인의장막 드리워져
가까운 자 멀리하고, 불통에 막혀 먼데 있는 자 돌아오지 않으니

아웃 안 될지

북 · 일의 만남이 수상쩍다, '납치재조사'에 '대북제재해제'라니
수상쩍건 안수상쩍건 지켜보는 이웃 코리아
이러다 한 · 미 · 일 공조 균열돼 이웃에도 못끼는 아웃 안 될지

흔들흔들까지

세월호 참사에서 정부가 보여준 우왕좌왕, 갈팡질팡, 오락가락
공직개혁, 인적쇄신도 우왕좌왕, 갈팡질팡, 오락가락 매한가지
한가지면 좋게, 이러지도 저러지도에 흔들흔들까지

백성이 밥이지

정치전문가들 왈 "박대통령 제왕적 통치스타일" 바꾸라고 조언
제왕이면 황제나 국왕을 뜻함이니 전제군주를 이름 아니던가
모든 전제군주는 인간을 먹는다※ 던데, 허긴 백성이 밥이지

※ 고대 로마의 정치가였던 M. P. 카토가 한 말.

쓰리 고

집권당의 전대표 왈, 사고 났다 하면 야당 단체장 지역이라고?
이에 대한 야 반응인즉 '거짓 선동'에 '불온 삐라' 차원 발언이라고
허면, 지역 위에 있는 국가 지배 여당은 참 잘했겠네, 아이고

재로 만들어서

젊은이는 물재앙 못 면하고, 늙은이는 불재앙 못 면한 코리아
물은 생명 · 존재 · 생성의 소리라던데 생명 앗아가고
사람은 불로 꽉 들어찬 정신이라던데 정신 태워 재로 만들어서

죽을 사자 될 수도

지구온난화 주요지표인 이산화탄소 농도 402.4ppm
지구 전체의 연평균 증가율 2.0ppm을 넘어선 코리아 대기오염
이러다 심리적마지노선 400ppm 4자 넘어서면 죽을 사자 될 수도

안 되는 건지?

한국은 중저고도 미사일 방어구축, 미는 고고도 방어체계 구축
한국은 북한 미사일 방어에, 미는 중국 미사일 방어에 초점
이러다 코리아 미국의 방어미사일 전진기지나 안 되는 건지?

I go, 나도 가네네

세월호 참사, 장성요양원 참사에 이어 안대희 인사 참사까지
참사에 칼에 맞아죽은 斬死, 참혹하게 죽은 慘史에 치욕 못참아
죽고자한 慙死도 있던데 연발 참사면 I go, 나도 가네네

아니던가

안행부는 행정자치부로, 폐지된 교육부총리제와 NSC를
부활로 원점회귀, 왔다갔다, 갈팡질팡, 우왕좌왕
우왕이고 좌왕이고 이지경이면 '구관이 명관'이란 말 아니던가

매한가진 걸

사법 시스템에 대한 국민의 신뢰도 OECD국 중 코리아가 31위
믿기 어려워가 아닌, 못믿겠다도 아닌, 아예 안믿어 차원이다
질풍경초 부재가 어찌 사법부 뿐이가, 행 · 입법부도 매한가진걸

※ 질풍경초(疾風勁草) : 아무리 어려운 일을 당하여도 뜻이 흔들리지 아니하는 사람을 비유하는 말.

꼴통들에 포위될 수도

거고청비란 말 새겨볼만, 아랫말 들을 줄 알아야
윗말씀도 들을줄 알아, 들을줄 모르면 불통, 불통이면 소통불가
문제는 거고에 고자돌림 고고자허 못면하면 꼴통들에 포위될 수도

※ 거고청비(居高聽卑) : 천자는 높은 곳에 있어도 아래 백성들의 말을 제대로 들어야 한다는 당나라 때 정온고의 말.

어지럼증을 어찌해

박근혜 정부 2기, 공직개혁 · 인적쇄신 내걸고 출범 닻 올렸으나
안대희 파고에 밀려 우왕좌왕, 갈팡질팡, 흔들흔들 정신 못차려
정신 차리고도 멀미하는 판에 정신 못차리면 어지럼증을 어찌해

불원금수여서

선조들 흰옷 즐겨 입어 백의민족이었으나 까마귀고기 즐겨한 듯
잊어버리기 잘하는 망각증, 인간은 망각하는 동물이라던데 그래선가?
허긴, 동물이 짐승 아니겠나, 정치혈전 보면 불원금수여서

※ 불원금수(不遠禽獸) : 금수와 같음을 이르는 말.

여직 마르지 않았는지

국민이 흘린 천만 방울 눈물과 나랏님이 흘린 한 방울 눈물
눈물만큼 빨리 마르는 것은 없다던데
한 방울 눈물의 의미는 여직 마르지 않았는지

신식보다 구식이 좋아서지

신조차도 과거를 개혁할 수 없다던데 국개론 들고 나와
새판 짜긴 짰는데 안짠것만 못해 되돌아간 과거회귀
행자부, 부총리제, NSC가 그래, 신식보다 구식이 좋아서지

불·불·불

눈 떴다하면 접하는 사건사고 1호, 불·불·불
불·불·불로 펄펄 끓는 분노 기름 삼아 심지 당긴
코리아 전매특허품, 불자표 불평·불만·불신

KO 펀치감이지

한·중·미 뒤통수 친 아베 펀치도 꽤 데미지를 준 모양
펀치가 주먹질 아니던가, 주먹도 극우의 아베의 왼손과
극좌 김정은의 오른손 합쳤으니 KO 펀치감이지

구원신세 못 면하고

모세의 기적을 꿈꾸며 구원파 이끌던 세모는 歲暮 못 면하고
sewol호로 오대양 꿈꾸던 대양의 꿈은 soul로 수장되고
죄악 · 고통 · 죽음 구원내건 구원교주는 丘園의 천장지비 못 면하고

※ 천장지비(天藏之秘) : 파묻혀 세상에 나타나지 못함.

둔갑하거든

저러다 아베 콧대 G2 보다 높아지면 낮아지는 납작코 한둘 아닐 터
용코 되긴 아직 이르지만 누가 알아
코라는 게 목에 힘주기에 따라 커졌다 작아졌다 둔갑하거든

함께해야

북·일 맞장구에 자칫 코리아 태극무 접을 수도
장구를 쳐야 춤을 추는 법인데 이미 장구채 북·일에 넘어갔거든
해서 말인데 구경꾼 신세 면하려면 억지 영가무도라도 해야

※ 영가무도(咏歌舞蹈) : 노래를 부르고 춤을 춤.

不字 표

보지 않기 위해 감은 눈에 뜨고는 볼 수 없는 것이 보인다
도처에 숨겨져 드러나지 않고 있는 전매특허품
뭐냐고? 눈을 감아봐, 훤히 보여, KS마크 불자표

그짓밖에 더하겠나

인도 22분마다 한 번씩 성폭행 자행된다던데
1년이면 2천5백여 회, 관능은 영혼의 무덤이라던데, 그러다
영혼 빠져나가 산채로 무덤 되면 넋 나간 짓 그짓밖에 더하겠나

혈통인 것을

코리아가 정년 후에도 일을 제일 많이 하는 나라라고?
우리 선조들이 죽을 때까지 일손 안 놓았던 머슴들이었거든
그 부지런 어디 가겠나, 죽을 때까지 일만하는 혈통이 그런 것을

못 면하고 있으니

구원파 교주 유병언 사면초가 아닌 십면매복 뚫고 잠적
쇄문도주에도 가는 곳마다 문 열고 맞아 숨겨주니 상전은 상전인데
어쩐다, 구원파 교주가 되레 동악상조신세 못 면하고 있으니

※ 쇄문도주(鎖門逃走) : 문을 잠그고 남몰래 도망간다는 뜻.

※ 동악상조(同惡相助) : 악인은 악을 이루기 위하여 서로 돕는다는 뜻으로 동류끼리의 도움을 이름.

얻어맞기 마련

극우 아베의 라이트 훅에 뒤통수 얻어맞고

극좌 김정은의 레프트 잽에 면상 얻어맞고

정치고 외교고 링과 다를 게 없어, 허 찔리면 얻어맞기 마련

비위 틀린 곯은 식상만

정치란 게 말 성찬으로 배 아닌 귀가 배불리는 꼴
서울시장후보 '농약급식' 발언에 '농약팔이 흑색선전'이라고 응수
살은 없고 뼈만 앙상한말 성찬에 유권자들 비위 틀린 곯은 식상만

녹조훈장감

세우청강, 유·무수천, 외양·내륙·외래하천 하는 것은
강의 흐름을 두고 한 말로 강은 흘러야 하는 법, 헌데 4대강
보로 물길 막아 녹조 자초했으니 되레 개악의 녹조훈장감

변증법인 것을

정치란 약속과 허위 사이를 오고가는 추다
시계추가 그러하듯 시간을 꼬았다 풀었다 되풀이하는 추
정치란 왔다갔다하는 추로 되풀이하는 선정 · 악정의 변증법인 것을

필요 없거든

정치시평 박대통령을 '공감능력부재', '권위정치', '초월정치'로 규정

다 맞는지? 다 틀린지는 알 바 아니고, 딱 하나

권위 앞세우고 초월 자처하면 하위개념 공감능력이 필요 없거든

그 때문인 것을

미국의 의심, 미국의 행보, 미국의 제동에 따라 조정되는 국책
신뢰프로세스, 동북아평화협력구상, 통일대박론, 드레스덴 등
장밋빛 발표완 달리 빛바랜 회색 못 면한 건 그 때문인 것을

정치 창조

여도 야도 아닌, 그렇다고 중도는 더욱 아닌, 당을 외면하면서도
당을 살리는 선택 외면하지 않는 붉은색도 파랑색도 아닌
노랑리본으로 말하는 무당파의 창조경제 아닌 정치 창조

뚝심

아베, 부러울 것도 배울 것도 없지만 지켜는 봐야 할 듯

독불장군에 쇼맨십도 지녀 깜짝쇼도 할 줄 아는

그보다는 필요하면 사전협의 아닌 사후통보도 할 줄 아는 뚝심

표정이어서

심드렁, 떨뜨름, 우려, 불만의 북·일 합의에 따른 미국표정, 그렇구나
미콧대에 따라 일표정 달리하듯 일뚝심에 따라 미도표정 달리하는구나
허긴 말보다 더 진한 것을 표현하는 것이 표정이어서

붉어져서

헐뜯기, 비아냥하기, 깎아내리기에 거짓 꼼수까지
풍시조가 갖출 건 다 갖춘 입후보자들 시인 빰쳐
헌데 빰 맞아야 할것도 있어, 부끄러움 모르니 민낯맞아야 붉어져서

명총잡이들이다

당보다 인물, 인물보다 정책, 정책보다 실천의지
유권자의 눈높이에 비춰지는 입후보자들의 면면을 읽을 줄 아는
무당파들은 투표는 탄환보다 강하단 걸 아는 명총잡이들이다

살인자는 아닌지

남을 위해 내가 죽는 의는 고전, 남이 죽고 내가 살아야 현대다
6·4 선거가 보여주듯 살아남기 위해 상대를 죽여야 하는 살인시대
우리는 이 시대에 살아남기 위해 남을 죽이는 살인자는 아닌지

뻥튀기 되는 걸

극장에서 판 팝콘 원가 613원짜리가 5천원에 팔려 8배나 부풀려
팝콘이란게 뻥튀기 아니던가, 뻥튀면 부풀려지기 마련, 팝콘뿐이랴
인간도, 인격도, 정치도 100배 천배로 부풀려 뻥튀기 되는 걸

그러하지 않을지

선거막판 꼬락서니가 가관이다, '여는 대통령 지켜달라' 호소하고
야는 '국민을 지켜달라' 외치니 꼬락서니치곤 뭣하다
허긴 꼴에 꼴값하는 꼴이니 꼬레아 꼴도 그러하지 않을지

어리석음 면했을 걸

세월호 침몰 진상규명 국정조사, 출발부터 여·야 삐걱
어느 쪽이 맞고 틀리건 비록 미생지신일지라도
이번만은 국민과의 약속 지켰어야, 어리석음 면했을 걸

관피아가 그래

소 잃고 외양간 고쳤던 옛분들은 그래도 다행
요즘엔 외양간 고쳐봤자다, 잃기 마찬가지니, 법이라고 다르랴
법을만든 사람들이 법을 어기는데 더능통하거든, 관피아가 딱 그래

3을 워낙 좋아해서

외교부는 주인의식을, 군은 전시작전권 미에 의탁을
북핵문제엔 중국역할 주문을 삼발이로 한 코리아, 허긴
3태백, 3천리 금수강산, 3·1절, 33인, 3·8선, 3을 워낙 좋아해서

찰나 못 면해서

선거 끝나자마자 무효처리가 다반사인 선거공약, 허긴 구호란 게
입 벗어나면 바람과 함께 사라지는 것, '바람과 함께 사라지다'는
세월이 지나도 감동 그대론데 구호는 찰나 못 면해서

방아쇠다

투표는 선택이나 행사가 아닌 살인용 탄환이다
하나는 살고 하나는 죽는, 살인 아닌 살인이다
죽음을 통해 삶을 건져올리기 위해 당기는 방아쇠다

그것이 문제로다

눈물보다 빨리 마르는 것 없다던데 몇 방울 눈물의 효용에 기대는 여

눈물에 젖은 표가 아닌 불승분노로 되레 승리 노리는 야

기름 삼아 분노로 불 켤 것이냐? 눈물로 끌 것이냐? 그것이 문제로다

※ 불승분노(不勝忿怒) : 분노를 참지 못함.

무당굿이어서

6·4선거, 부산에서 오거돈 승리하면 정부 사양화 못 면하고 광주에서 윤장현 패하면 안철수 정치가도 가시밭길 되는 결국은 선거 끝나는 곳에서 출발되는 길의 점치기 한마당 무당굿이어서

아니거든

6·4선거 결론은 여·야의 승리보다 잠룡들의 수면 위 부상
용이 되어 승천하느냐? 이무기로 남느냐?의 한판 싸움
싸워서 이겨 雲雨를 얻으면 용은 이미 池中의 것이 아니거든

못 면해서

목하 대한민국, 국조는 파행중, KBS는 파업중, 유병언은 도피중
오래 살 것 소망하면 중용의 길 걸으라 했던데, 이놈의 중이란 게
가던 길도 중단해야 할 만큼의 간관검각 못 면해서

※ 간관검각(間關劍閣) : 거칠고 험한 행로를 이름.

이 지경이니

미 · 중의 사이에 끼어 딜레마 못 면하고 있는 판에
한 · 일, 남 · 북 관계 또한 혹여 후목분장이나 안 될지
안 그래도 나라 안 시끄러운데 주변 국제정세까지 이 지경이니

※ 후목분장(朽木糞牆) : 다시 수습할 수 없을 만큼 무너진 것을 이르는 논어에 나오는 말.

안전은 무슨 안전

너도 나도, 여도 야도 내건 선거용 안전 안전 '안전공약'
구체성도 실현성도 없는 낙제점이라면 꼼수공약 아니던가
안전은 중용의 길이라던데 극과극만 내달았으니 안전은 무슨 안전

없어서

한국, 미 MD 요구 거절할 수도, 찬성할 수도 없는 딱한 처지

거절하자니 미, 찬성하자니 중, G2가 째려보고 있어서

허니, 거절 · 찬성 양난에 째려보는 눈 피할 수도, 마주볼 수도 없어서

투표여서

요즘 주어 앵그리맘, 분노하는 엄마란 뜻인데, 무엇에 분노하는가?
분노는 때에 따라 도덕과 용기와의 무기라던데 그런 무기 아닐까
그래, 도덕과 용기만이 발사할 수 있는 권총, 탄환이 곧 투표여서

거꾸로여서

지금까지 코리아의 정치 인식은 정치가 바뀌어야 한다였다
헌데, 정치가 아닌 주권자가 바뀌어야 정치가 바뀐다가 진실
이 평범한 진실의 깨우침을 가져주는 게 선거인데 거꾸로여서

골목길만도 못해서

선거에 어디 합당한 룰 지켜 정도행 걷는 이 봤나

말이야 지천사어 외치며 정도 정도 해쌋지만

선거판에선 정도란 게 외면하고 돌아가는 골목길만도 못해서

※ 지천사어(指天射魚) : 하늘을 가리키고 물고기를 쏜다 함이니 무엇을 할 때 그것에 합당한 방법으로써 하지 않으면 안 된다는 뜻.

초등수학 차원이어서

미는 중을 겨냥, 고공방어망을, 남은 북을 겨냥, 저고공방어망을
서로 속셈이 다름인데, 속셈이란 게 미는 미적분 고등수학을,
남은 더하기, 빼기, 곱하기, 나누기 초등수학 차원이어서

통하면 뭘 하나

선거란 게 눈물도 통하고, 거짓말도 통하고, 네거티브도 통하고
안 통한 것이 없는데 앵그리맘의 분통은 안 통했던 모양
모양새야 어쨌건 선거 끝나면 불통이니 통하면 뭘 하나

세월 타령

세월호도 서서히 세월 저쪽으로 밀려가고
밀려간 세월에 실려 세월이나 보내면서 오는 세월 기다려볼까
보내면 뭘 하고 기다리면 뭘 하나, 세월다운 세월이 있어야지

그게 되레 이상하지

어디 우리뿐이던가, 우크라이나도 그러하고 중동도 그러하고
중국도 그러하고, 끼리끼리 한통속으로 떼지어 안 살던가
남·북, 영·호남도 매한가지, 금 안 긋고 살면 그게 되레 이상하지

악연의 연속이어서

이긴 자는 위로를, 진 자는 축하를, 아름답지 않은가
아름답긴, 위로와 축하 뒤의 날 세운 살의와 분노
선거란 게 끝과 시작이 맞물린 끊을 수 없는 악연의 연속이어서

않을지

북·일 접근, 한·중 접근, 중·일 배타, 남·북 배타
풀면 풀수록 꼬이는 얽히고설킨 실타래가 혹여 견고한 동아줄 돼
스스로들 묶이어 자승자박 되면 미국의 포로로 끌려가지나 않을지

•

박진환 시인은 전남 해남 출신으로 동국대 국문학과를 거쳐 중앙대 대학원을 졸업(문학박사)했다. 1960년 동아일보 신춘문예(詩)·1963년 自由文學(문학평론)으로 문단에 데뷔했고, 국제PEN한국본부 사무국장 및 이사, 한국문협 고문을 역임했다. 제9회 시문학상, 제3회 비평문학상, 펜문학상, 윤동주문학상 등을 수상했고, 한서대학교 교수 및 예술대학원장을 역임했으며 현재 월간『조선문학』발행인 겸 주간으로 있다. 중요 저서로는 시집에『귀로』,『사랑법』,『꽃시집』,『三行詩抄』Ⅰ~Ⅺ『諷詩調』,『박진환시전집』Ⅰ·Ⅱ·Ⅲ·Ⅳ·Ⅴ·Ⅵ·Ⅶ,『物神時代』Ⅰ·Ⅱ·Ⅲ·Ⅳ·Ⅴ,『동굴일지』Ⅰ·Ⅱ·Ⅲ·Ⅳ·Ⅴ,『2012년 8월』에서『2013년 7월』까지,『풍계집·1』에서『풍계집·25』까지 76권의 시집이 있고 평론집으로『한국현대시인론』,『현대시론』,『21C시학과 시법』등 다수와『한국시의 공간구조연구』,『21C 시학』,『시창작론』,『諷詩調詩學』외 다수의 역저가 있다.

•

조선문학시인선 388

諷詩調詩集·52

풍諷계戒집集·19

2014년 8월 20일 인쇄
2014년 8월 30일 발행

지은이 / 박진환
발행인 / 박진환
펴낸곳 / 조선문학사
등록번호 / 1-2733
주소 / 120-853 서울 서대문구 통일로 389(홍제동)
전화 / 02-730-2255
팩스 / 02-723-9373

ISBN 978-89-98115-78-4

정가 10,000원

※ 인지는 저자와 합의 하에 생략
※ 잘못된 책은 서점에서 교환해 드립니다.